Gertraud Schnabel
Deine Seele - gleich wie ein Schmetterling

Gertraud Schnabel

Deine Seele

- gleich wie ein Schmetterling

Artha

ISBN 3-89575-137-5
978-3-89575-137-0
1. Auflage
Copyright by Artha Verlag
D 87466 Oy-Mittelberg

Alle Rechte, auch die des auszugsweisen Nachdrucks, der fotomechanischen Wiedergabe, der Übersetzung oder der Einspeicherung und Verarbeitung in elektronische Systeme vorbehalten.
Die Ratschläge in diesem Buch sind von der Autorin und vom Verlag sorgfältig erwogen und geprüft, dennoch kann eine Garantie nicht übernommen werden. Eine Haftung der Autorin bzw. des Verlags und seiner Beauftragten für Personen, Sach- und Vermögensschäden ist ausgeschlossen.

Umschlag: Gertraud Schnabel
Bilder: Gertraud Schnabel und Leopold Böckl
Lektorat: Sonja Fischer
Gestaltung und Layout: Sonja Fischer
Internet Verlag: www.artha.de
Druck: Druckerei Steinmeier, Nördlingen

Ich danke allen meinen Lehrern, denen ich im Laufe meines Lebens begegnet bin. Alle Menschen am Weg meiner Reise haben mir mehr oder weniger geholfen, zu mir selbst und zu meinem Innersten zu finden.

Ganz besonderen Dank möchte ich meinem Ehemann Leo aussprechen, denn er hat in mir die Kraft geweckt, zu mir zu stehen und meinen Weg zu gehen, egal was andere auch denken. Er hat mich durch seine Ruhe, Besonnenheit und liebevolle Kritik sehr unterstützt.

Auch meinem Sohn Tim möchte ich von Herzen danken, weil er mir immer wieder einen Spiegel vorhält, um mir genau zu zeigen, wo ich gerade stehe.

In Liebe

Gertraud Schnabel

Inhalt

Genieße Dein Sein	9
Folge Deiner inneren Stimme	11
Lebe Dein Feuer	13
Spüre Deine Kraft	15
Vertraue auf Deine Wahrnehmung	17
Geh Deinen Weg	19
Ich bin, dass ich bin	21
Suche Deine Wurzeln	23
Gelassen beobachten	25
Erkenne Deine Kreativität	27
Überschreite Deine Grenzen	29
Ich liebe	31
Öffne Dein Herz für das Licht	33
Wo viel Licht ist, ist auch viel Schatten	35
Ein neuer Tag ist eine neue Chance	37
Höre auf Deine Seele	39
Liebe zur Erde	41
Leben heißt Veränderung	43
Wie im Kleinen, so im Großen	45
Liebe kennt keine Eile	47
Überwinde das Leid	49
Ergreife die Initiative	51
Träume nicht Dein Leben, lebe Deine Träume	53
Lebe Dein Potential	55
Suche nicht das Glück, sei glücklich	57
Finde Deinen innersten Raum	59
Erfolg ist Ausdauer	61

Geben und Nehmen im Einklang	*63*
Du bist Teil des Lebens	*65*
Alles Wissen ist in Dir	*67*
Achte auf Deine Worte	*69*
Der Tanz der Schöpfung	*71*
Der Weg ist das Ziel, das Ziel ist der Weg	*73*
Die Vision des Weges	*75*
Schenke der Welt ein Lächeln	*77*
Lebe jeden Tag von neuem	*79*
Genieße die Fülle des Lebens	*81*
Sorge Dich nicht - vertraue!	*83*
Achte auf Deine Gedanken	*85*
Dein Wille geschehe	*87*
Ruhe in Deiner Mitte	*89*
Demut vor dem Göttlichen	*91*
Anhang	*92*

Genieße Dein Sein

Es gibt kein Gestern und kein Morgen, es gibt nur den Augenblick im Hier und Jetzt! Du hast nur ihn, also genieße ihn!

Warte nicht darauf, dass jemand kommt, um Dir den Tag zu versüßen, das kannst nur Du selbst. Du allein entscheidest, wie es Dir geht!

Wenn Du nur auf Deine Rückschläge schaust, kannst Du nicht vorwärts kommen.

Wozu bist Du auf der Welt?
Um zu arbeiten?
Um zu leiden?
Oder einfach nur, um zu SEIN?

Du musst für Dich selbst eine passende Antwort finden. Überlege Dir in einer stillen Stunde, was Du brauchst um zu genießen!

Was kannst Du überhaupt genießen?
Was bedeutet für Dich Genuss?
Ist es das Verweilen im Augenblick, oder brauchst du irdische Güter um Dich?
Weißt Du es?
Wenn nicht, finde es heraus und tu es!

GENIEßE bei allem was Du machst Dein SEIN in jedem Augenblick!

Folge Deiner inneren Stimme

Nimm Dir die Zeit, Dich in die Natur zu setzen, dorthin, wo wirklich Stille herrscht, und lausche Deiner inneren Stimme.

Du hast Talente in Dir, welche, vielleicht noch tief verborgen in Dir schlummernd, von Dir geweckt werden wollen. Fördere sie zutage, mach sie Dir bewusst, denn erst dann kannst Du Deinen Weg einschlagen.

Wenn Du Deine Vorlieben nicht kennst, wie willst Du Dir etwas Gutes tun? Wie kannst Du Dich verwöhnen, wenn Du Dich und Deine innersten Wünsche nicht kennst?

Deine innere Stimme kennt Dich am Besten, da sie jede Reaktion von Dir beobachtet, analysiert und speichert, vom Beginn Deiner Entstehung bis hin zu dieser Sekunde. Jedes Erlebnis und jede Erkenntnis sind wie in einem Computer gespeichert und jederzeit abrufbar.

Wenn Du es verlernt hast, dann übe es!

Deine erste Übung wird es sein, wachsam zu sein, um Hilfe von außen zu erkennen und zu spüren, wie Du lernen kannst.

Finde die Wegweiser, die Dich dahin bringen, wo Du hinmöchtest, um wieder zu Dir und Deiner inneren Stimme zu kommen.

Darum höre auf Deine Gefühle und folge ihnen auf Deinem Lebensweg.

Lebe Dein Feuer

Erst wenn Du Dich selbst anerkennst, mit Deinem ganzen Sein, Dein Feuer in Dir entdeckst, kannst Du Deinen Weg ganz gehen.
Dann werden Deine Wünsche und Sehnsüchte sich locker und leicht verwirklichen. Denn dann wirst Du nicht mehr auf die Meinung anderer warten, sondern Deinen Weg so gehen, wie Du fühlst, dass er für Dich richtig ist.

Dein Feuer in Dir gibt Dir jeden Tag die Kraft, aufzustehen und Deinen Tag zu leben. Je intensiver Du Dich selbst lebst, desto glücklicher kannst Du sein.

Denn nur so ruhst Du in Dir. So kann kein Konflikt mit Dir selbst entstehen. Dies ist ein herrliches Gefühl!

Dein Feuer leben heißt, bereit zu sein, in Dich hineinzusehen. Alles an Dir und in Dir bedingungslos so anzunehmen, wie Du bist.

Entdecke, dass manche Eigenheiten an Dir nicht nur negativ sondern Dein Potential sind, welches Du ausschöpfen sollst. Sieh genau hin, ob Du Dich deshalb als Mensch mit Macken bezeichnest, um Dein Potential und Feuer verleugnen zu können.

Suche Funken um Funken in Dir, bis ein nährendes Feuer entsteht.

Wenn du von innen heraus leuchtest, wird die Welt in hellem Licht auf Dich zurückstrahlen.

Spüre Deine Kraft

Die Kraft in Dir ist unermesslich groß! Betrachte nur kurz Dein Leben, welches hinter Dir liegt.

Wie viele Höhen und Tiefen hast Du bereits bis heute durchwandert?

Ohne Deine Kraft hättest Du das nicht geschafft. Und jedes Erlebnis lässt Dich noch stärker werden, lässt Dich wachsen wie einen Baum, der Sturm, Regen und Sonne trotzt. Er wächst Jahr für Jahr ein Stück mehr. So auch Du!

Nutze in allem, was Du tust, Deine ganze Kraft. Egal ob Du lachst, traurig bist, liebst, Dich freust, oder über Dich selbst ärgerst. So auch, wenn Du Deine Gefühle wieder in eine andere Richtung verändern möchtest.

Handle, bei allem was Du machst immer so, dass Du vor Deinem Spiegelbild mit gutem Gewissen bestehen kannst.

Wenn es Dir einmal nicht so gut geht, dann suche Dir einen Ort, wo Du Deine Kraft wiedererlangen kannst.

Manche Menschen holen sich Hilfe bei ihrem persönlichen Lieblingsbaum. Andere an einem Fluss oder Wasserfall. Wieder andere steigen auf einen Berg, oder sie wandern durch Wiesen, Wälder oder einen Blumengarten.

Du spürst selbst am Besten, was für Dich am Schönsten ist.

Spüre Deine Kraft und lebe sie in jeder Sekunde Deines Seins.

Vertraue auf Deine Wahrnehmung

Wenn Du auf die Macht Deiner Gedanken und Deiner Worte vertraust und wenn Du auf Deine Wahrnehmung achtest, gibt es für Dich nichts Unerreichbares.

Du weißt dann, dass es für jeden Wunsch eine Erfüllung gibt, wenn er rein und ohne Manipulation ist.

Sprich Deinen Wunsch aus und warte, bis Deine Wahrnehmung Dir ein Zeichen gibt. Das kann eine plötzliche Eingebung sein, aber auch ein Satz, oder es ist ein angenehmes Gefühl, welches Dich überkommt. Dann weißt Du, dass es richtig ist.

Fühlst Du Dich aber nach kurzer Zeit der Stille unbehaglich, wirst Du kribbelig oder es fängt an Dich überall zu jucken, dann kannst Du davon ausgehen, dass Dir Deine Wahrnehmung mitteilt, dass dies nicht der richtige Weg für Dich ist.

Achte und vertraue auf Deine Wahrnehmung, damit Du die Dir gegebenen Hinweise nicht versäumst.

Deine Wahrnehmung ist Dein bester Ratgeber in Deinem Leben.

Geh Deinen Weg

Jeder hat seinen eigenen Weg! Niemand kann Deinen Weg für Dich gehen, außer Dir!

Du kannst aber in jedem Augenblick die Richtung selbst bestimmen, die Du gehen möchtest. Und wenn Du merkst, dass die Richtung für Dich nicht mehr richtig ist, dann ändere sie – JETZT!

Es ist gut, von anderen Rat zu holen, aber was richtig ist und was für Dich nicht passt musst Du entscheiden!

Du kannst Dir vorstellen, Dein Leben sei ein Kreisverkehr und Du bist mittendrin. Du warst noch niemals da und weißt somit nicht, welche Straße Dich wohin führen wird.

Jetzt kannst Du entweder stehen bleiben, da Du ja keinen der Wege kennst und somit ewig auf der Stelle treten, oder aber Du gehst Straße für Straße entlang und erkundest, wohin der Weg geht. Denn sollte Dir eine Straße nicht gefallen, hindert Dich nichts, außer vielleicht Dein Stolz, wieder umzukehren und die Richtung zu ändern.

So ist es auch mit Deinem Lebensweg.

Es bringt Dir nichts, dass Du mit Dir haderst, wenn Du in einer Sache klüger geworden bist, denn Du hast weder Zeit noch Energie verschwendet, weil Du in einer Sackgasse gelandet bist. Denn erst wenn Du angekommen bist, kannst Du sehen, dass es hier nicht weitergeht und Du deshalb umkehren musst, oder dass es Dir hier nicht gefällt.

Auch wenn Dein Weg Umwege beinhaltet, es ist und bleibt Dein Weg. Jeder Schritt ist für Dich wichtig und in dem Moment wo Du ihn gehst der Richtige.

Ich bin, dass ich bin

Ich bin, dass ich bin - ist eine Aufforderung an Dich selbst – um zu erkennen, dass Du ein einzigartiger, mit niemandem vergleichbarer Mensch bist! Gerade das „nicht perfekt sein" macht uns einzigartig. Ansonsten wären wir wieder alle gleich. Nimm Dich einfach an und liebe Dich!

Gerade das, was Dich an Dir so stört, kann das sein, was die anderen an Dir bewundern und lieben. Deine Sommersprossen, Deine Locken, die Art, wie Du Dich bewegst, wie Du gehst, Deine ausdrucksvollen Augen und Dein Lachen. Die Art, wie Du reagierst, wie Du jemanden willkommen heißt, das alles macht Deine einzigartige Persönlichkeit aus.

Die einen werden Dich dafür unsagbar lieben, die anderen eher meiden. Doch das ist nicht wirklich wichtig, nur wie Du über Dich selbst denkst und wie Du Dich liebst – das ist das einzig wirklich Wichtige.

Denn nur Du lebst ein ganzes Leben, jeden Augenblick, mit Dir, ohne Dir zu entkommen. Also versöhne Dich mit Dir.

Jemand anderen zu verehren ist nicht schlimm, aber Du darfst dabei nicht vergessen, dass auch derjenige seine kleinen Unzulänglichkeiten hat, die er vor Dir verstecken möchte, genauso wie Du selbst. Wenn Du diese kennen würdest, wäre Dir Dein Gegenüber wahrscheinlich ganz ähnlich! Und doch wird jeder immer einzigartig sein!

Nimm Dich an ohne zu bewerten – einfach nur

Ich bin!

Suche Deine Wurzeln

Wo kommst Du her? Wo gehst Du hin? Wo sind Deine Wurzeln? Wie verankert bist Du hier auf der Erde?

Strecke Deine Wurzeln tief in die Erde und fühle die Verbundenheit!

Deine Wurzeln sind da, wo Deine Heimat ist, aber Deine Heimat ist da, wo Du Dich geborgen fühlst.

Du bist aber auch mit dem Ort verbunden, wo Du geboren wurdest. Auch wenn Du noch so weit in die Ferne ziehst, werden Teile Deiner Wurzeln am Ort Deiner Geburt verwachsen bleiben. Schneide sie nicht ab, denn sonst kann es sein, dass Du auch woanders nie wirklich zu Hause sein kannst. Denn schon alleine das Wissen, wenn Du in der Ferne bist, Du kannst jederzeit zurück in Deine Heimat, lässt Dich überall zu Hause sein. Und doch, wenn Du von einer Reise nach Hause kommst, Dir alles auf einmal wieder vertraut ist, dann spürst Du das ganz besondere Gefühl der Verbundenheit mit Deiner Heimat.

Aber auch zu Deiner Familie hast Du Wurzeln, die auf eine gewisse Art und Weise immer miteinander verbunden bleiben werden. Verleugne sie nicht, sonst schneidest Du einen Teil von Dir selbst ab.

Je liebevoller die Verbindung zu Deiner Familie bestehen bleibt, desto liebevoller kannst Du Dein Leben gestalten. Das bedeutet aber nicht, dass Du Dich für Deine Familie aufopfern sollst, oder ständig mit ihr in Kontakt sein musst.

Es bedeutet, dass ein Lächeln in Deinem Gesicht erscheinen soll, wenn Du an jemanden aus Deiner Familie denkst.

Gelassen beobachten

Gelassen beobachten ist eine gute Art und Weise an die Prüfungen Deines Lebens heranzugehen. Manchmal ist rasches Handeln sehr wichtig, aber überstürzt zu handeln ist selten der beste Weg.

Viele Prüfungen, die sich im ersten Moment als sehr schwierig darstellen, sind bei näherem Betrachten ohne Emotionen ganz leicht zu meistern. Oft lösen sich viele Dinge von selbst.

In der Ruhe liegt die Kraft, sowie Gelassenheit und Weisheit. Das spürst Du jedes Mal, wenn Du jemandem hilfst, eine Situation zu meistern, an der Dein Gefühl nicht beteiligt ist.

Da Du aus der Ruhe heraus reagierst, bist du sachlich und gelassen. So fällt es Dir leicht, die richtige Entscheidung zu treffen.

Bei den anderen fällt es auch leicht, hinter die Fassade zu sehen und dadurch die Zusammenhänge leichter zu erkennen. Also versuche, wenn Du selbst ein Problem hast, es mit Ruhe und Gelassenheit so emotionslos wie möglich zu betrachten und hinter die Fassade der Dinge zu sehen. So wirst Du sehen, dass das meiste gar nicht so schlimm ist, wie es in der ersten Gefühlsregung erschien.

Vergiss nicht:

Wenn es ein Problem gibt, welches Du nicht ändern kannst, warum darüber aufregen?

Wenn es ein Problem gibt, welches Du ändern kannst, warum darüber aufregen?

Erkenne Deine Kreativität

Als Kind verleihst Du Deiner eigenen Kreativität vollsten Ausdruck! Es ist alles was Du kreierst in Ordnung, bis es von Erwachsenen gesehen und bewertet wird!

Mit Aussagen wie: „Das kannst Du aber noch schöner!" „Du willst ein neues Blatt Papier, aber da ist doch noch so viel Platz! Zeichne erst dieses voll, dann gibt es ein neues." und ähnlichem wird die Entfaltung für lange Zeit gehemmt, manchmal für ein ganzes Leben.

Wer bestimmt die Wertigkeit Deiner Kreativität? Nur Du selbst kannst DEINER Seele Ausdruck verleihen, indem Du Deine eigene Kreativität lebst! So wie Du es siehst! Für Dich!

Was würde einen Autor von dem anderen Autoren unterscheiden, wenn er nicht seinen eigenen Schreibstil hätte?

Wäre es nicht so, dass jedes Lied gleich klingen würde, wenn der Musiker nicht seine eigene Kreativität hätte?

Sicher wird er von anderen manchmal inspiriert, aber er mischt es mit vielen, und vor allem mit seinen eigenen Visionen und Empfindungen. Und das bringt dann seine Kreativität zum Ausdruck, macht ihn als jemand Besonderen erkennbar.

Also fasse Deinen Mut zusammen und verleihe Deiner Seele und Kreativität Ausdruck, und zwar auf Deine eigene, nur Dir mögliche Art und Weise.

Überschreite Deine Grenzen

Ob Du glaubst etwas zu können, oder glaubst etwas nicht zu können, Du hast immer Recht!

In dem Moment, wo Du denkst „ ich kann das nicht", steckst Du Dir selbst Grenzen. Denn Du kannst alles, was Du wirklich willst. Sieh Dich doch um: Wer kann schon das, was Du denkst nicht zu können - und frag Dich „warum der schon - und ich nicht"?

Danach frage ihn, woher er wusste, dass er das kann. Die Antwort wird immer dieselbe sein: „Weil ich es einfach getan habe, bis ich es konnte!" Wenn Du als Baby diese Zweifel bereits gekannt hättest, könntest Du dann laufen, sprechen, ...?

Ist es nicht so, dass lediglich die Angst vor dem Neuen Dich denken lässt, dass Du das nicht kannst? Oder die eigene Trägheit (sprich, der innere Schweinehund) verhindert, dass eine Veränderung in Dein Leben tritt?!

Oder ist es etwa doch so, dass Du etwas nicht willst, aber es Dich nicht laut zu vertreten traust und deshalb das „ich kann das nicht" vorschiebst?

Überprüfe Deine wahre Motivation, warum Du glaubst, etwas nicht zu können und erweitere dann Deine eigenen Grenzen!

Wenn Du in einer Sache Meister geworden bist, dann wird es Zeit, in einer anderen Sache Schüler zu werden.

Gemäß den aerodynamischen Gesetzen kann eine Hummel eigentlich gar nicht fliegen, aber da sie es nicht weiß, fliegt sie einfach.

Ich liebe

Spüre die Unendlichkeit der Worte „ich liebe", und Du weißt, dass Dir nichts mehr geschehen kann.

Es ist die größte Kraft, die uns zur Verfügung steht.

Nicht nur „ich liebe Dich", denn entweder liebst Du oder nicht. Du kannst nicht jemanden lieben und jemanden anderen nicht.

Nicht wenn es um die wahre, reine, bedingungslose Liebe geht! Entweder Du liebst das Leben an sich, oder nicht!

Denn die Liebe im Herzen macht keinen Unterschied. Damit ist einfach die unendliche Liebe zum Leben selbst, zur Erde und all der Einzigartigkeit, die Gott geschaffen hat, gemeint. Sie bindet alles ein. Auch Dich!

Wenn Du Liebe empfindest, so spürst Du sie auch Dir selbst gegenüber. Dann hast Du automatisch einen liebevollen, bewussten Umgang mit Dir selbst. Somit gibt es keine Einsamkeit und keine Angst mehr.

Die Liebe die Du aussendest, kommt tausendfach zurück, in allem was sich Dir offenbart.

Doch wenn Du Dein Herz und Deine Seele verschließt, dann kannst Du sie nicht wahrnehmen.

Beginne jeden Morgen mit dem Satz „ICH LIEBE", und Dein Leben wird von Liebe und Glück erfüllt sein!

Öffne Dein Herz für das Licht

Nur wenn Dein Herz nicht verschlossen ist, ohne Mauer um Schmerz und Demütigung fern zu halten, kann das Licht eindringen.

Sicher, auch der Schmerz kann hinein, aber wer sagt Dir, dass Dir jemand Schmerzen zufügen möchte? Die Chance ist fünfzig zu fünfzig. Aber wenn Du Dein Herz zumachst, kann hundertprozentig nichts hinein! Es kann aber auch die Liebe von Dir nicht heraus.

Also was hast Du zu verlieren? Oder hast Du etwa doch mehr zu gewinnen?

Öffne Dein Herz und sieh was passiert. Wenn Du denkst, es geht nicht mehr, hol Dir Dein Licht aus Deinem Herzen her.

Lass das unendliche Licht Gottes in Dich hinein und es wird aus Dir herausstrahlen wie ein Diamant!

Der nebligste Tag wird Dir wie ein strahlender Sonnentag erscheinen und Du wirst dieses Licht weitertragen und auch andere zum Strahlen bringen.

Es gibt Menschen, denen wird nachgesagt, dass sie einen Raum nicht nur betreten, sondern sie erscheinen. Warum ist dies möglich?

Sie strahlen das Licht aus dem Herzen wieder.

Wo viel Licht ist, ist auch viel Schatten

Das funktioniert aber auch umgekehrt: den wo viel Schatten ist, ist auch viel Licht vorhanden.

Das eine bedingt das andere. Es ist die Polarität, der Du nicht entgehen kannst. Sie umgibt Dich überall.
Tag und Nacht, Kalt und Heiß, Freude und Trauer, ...

Alles auf der Erde ist der Polarität unterworfen. Ursache und Wirkung.

Es gibt im Leben nichts, was nur schön ist für Dich, und es gibt in jedem hässlichen Erlebnis auch etwas Gutes.

Es kommt nur darauf an, was Du für Dich sehen möchtest. Du kannst bei neunzig Prozent Schönheit, auch die zehn Prozent Hässliches sehen. Es wird Deine Hoffnung schwinden lassen.

Siehst Du aber bei neunzig Prozent Hässlichem immer noch die zehn Prozent Schönheit, wirst Du strahlen und stark daraus hervorgehen.

Es ist gut, dass das Licht auch den Schatten mit sich bringt. Wo würdest Du Dich hinbegeben, wenn das Licht zu heiß oder zu grell wird. Die Sonne ist die Quelle allen Lebens, birgt aber auch die Kraft zu töten in sich.

Die Dunkelheit ist dein Verbündeter, wenn Du Dich zurückziehen oder Dich verstecken möchtest, weil Du verletzt bist. Sicher siehst Du nichts, wenn es dunkel ist, aber auch Du wirst nicht gesehen. Und das birgt Schutz für Dich.

Und dies stellt die Balance des Lebens dar.

Ein neuer Tag ist eine neue Chance

Wenn es nicht stimmen würde, dass ein neuer Tag eine neue Chance bedeutet, dann könntest Du einen einmal gemachten Fehler ja nie wieder ausmerzen. Dann wäre es gar nicht möglich, etwas dazu zu lernen.

Aber Du hast die Möglichkeit, jeden Tag von neuem zu entscheiden. Ja sogar jede Sekunde in der Du erkannt hast, dass etwas so nicht richtig ist für Dich, birgt die Chance, es zu verändern und anders weiterzumachen.

Es ist nie zu spät etwas zu verändern, denn jeder Tag ist neu und einzigartig. Dummheit bedeutet nicht, einen Fehler zu begehen. Dummheit bedeutet, ihn zu erkennen und doch wieder zu begehen.

Am Abend bist Du klug für den vergangenen Tag, aber niemals für den der kommen mag.

Nutze diesen Tag! Er ist das einzige was Dir bleibt! Es ist ein Geschenk Gottes, jeden Tag neu beginnen und leben zu dürfen.

Lebe jeden Tag so, als ob es Dein letzter wäre. Schließe ihn ab, so dass Du ohne Groll und unerledigte Dinge schlafen gehst.

Damit ist nicht die Hausarbeit gemeint, sondern die zwischenmenschlichen Dinge, wie: Versöhnung nach einem Streit, Frieden mit den anderen und mit sich selbst, ohne Verzweiflung, dafür mit Hoffnung auf den neuen Tag.

Fange jeden Tag neu und rein an, so als ob er Dein erster wäre.

Höre auf Deine Seele

Deine Seele hält ständig Zwiesprache mit Dir, doch nur wenn Du Augenblicke der Ruhe und Stille in Dein Leben lässt, kannst Du sie auch hören.

Deine Seele kennt Dich besser als Dein Bewusstsein, denn sie umfasst alles, was Dich ausmacht. Sie möchte Dir in jeder Situation helfen, aber sie klingt nur sehr leise aus Dir.

Wenn Du zu lange nicht auf sie hören möchtest, dann beginnt sie über Deinem Körper zu pochen, so dass Du sie hören musst.

Das drückt sich zuerst in Unwohlsein aus. Hörst Du sie nicht, wird eine Krankheit daraus.

Einfach um Dir Zeit zu geben, Dich zu hören, Dich zu spüren und auf Dich zu vertrauen.

Behandelst Du Deine Krankheit nur auf der körperlichen Ebene, wird sie sich an einer anderen Stelle erneut melden, solange bis Du innehältst und auch Deine Seele wieder in Harmonie bringst.

Wie bei einem Blumenstock, den Du gegossen hast und der kurz darauf alle Blätter hängen lässt. Du gießt ihn erneut, doch er lässt immer noch alles hängen, bis Du ihn genauer betrachtest und merkst, dass er gar kein Wasser wollte, da er schon zuviel davon hatte. Er wollte vielleicht mehr Sonne oder Schatten. Oder hatte er Läuse oder Pilzbefall? Nur wenn Du Deine Pflanze genau betrachtest, wirst Du merken, was sie möchte.

Deine Seele liebt Dich bedingungslos. Darum höre auf sie!

Liebe zur Erde

Mach einen Spaziergang durch die Natur und betrachte sowohl die schöne Landschaft, die Dich umgibt, als auch eine einzelne Blume, ein Insekt, welches sich gerade darauf ausruht.

Betrachte die Schönheit der einzelnen Dinge. Manchmal sieht man vermeintlich ein Gesichtchen hervoräugen, wodurch schon manche Geschichten erzählt wurden, die sich über Jahrhunderte gehalten haben.

Es ist ja eigentlich nicht wichtig, ob es wirklich Elfen, Trolle, Gnome und andere Erdwesen gibt. Wichtig ist allein, dass Du die Erde anders siehst, anders auf unsere Natur acht gibst, weil Du erkannt hast, dass jeder einzelne Baum, Strauch, Stein doch etwas Lebendiges ist. Dass die Natur lebt.

Respektiere und liebe die Natur, denn wenn sie nicht mehr ist, bist auch Du nicht mehr.

Du holst Dir täglich Energie aus der Natur in Form von betrachten, spazieren gehen, Wasser trinken, Blumen pflanzen, Obst und Gemüse essen... Die Liste ließe sich beliebig fortsetzen. Tue dies bewusst und bedanke Dich bei Mutter Erde.

Denn die Natur ist wie eine Mutter, sie wird uns nicht ewig ermahnen.

Leben heißt Veränderung

Wenn sich etwas nicht mehr verändert, dann ist es tot.

Sei Dir bewusst, ein Leben hier auf der Erde kann niemals ohne Veränderung sein, da wir in der Polarität leben.

Das eine bedingt das andere. Und überlege genau, ob Du Dir wünschst, dass sich nichts im Leben verändern soll. Denke zurück was Du vor zehn Jahren in Deinem Leben toll fandest.

Ist das jetzt auch noch so, oder hat es sich verändert? Wie würde es Dir gehen, wenn Du alles behalten müsstest, was Du jemals erworben hast. Wohnung, Haus, alles Inventar, jedes Geschenk, jeden Partner, jede Lebenseinstellung, jede unangenehme Situation?

Wenn es Dir einmal schlecht geht, hättest Du niemals die Chance, dass es sich jemals bessern würde. Nicht ohne Veränderung!

Wäre das Leben nicht schrecklich?

Es wäre ewig Winter oder Nacht! Du wärest ewig krank, hättest nie ein Kind. Da das Leben ein Wechselspiel zwischen den Polaritäten darstellt, geht es auf und ab. Somit ist es uns möglich, die Dinge wieder bewusst erleben und wahrnehmen zu können.

Aber das bedingt auch manchmal, dass sich die Dinge von wunderschön auf gar nicht so schön verändern! Wie sonst könnte sich das Bild wieder wandeln von - gar nicht so schön - auf wunderschön?

Wie im Kleinen, so im Großen

Wenn Du erkennst, dass Du fähig bist, kleine Dinge zu verändern, dann bist Du auch fähig, Großes zu leisten.

Auch große Entfernungen werden Schritt für Schritt bewältigt und nicht auf einmal.

Jede Leiter, und sei sie noch so hoch, beginnt mit der ersten Sprosse, das Haus mit dem ersten Ziegel und Dein Leben mit dem ersten Tag, der ersten Erfahrung.

Wenn Du in Deinem Leben Großes vorhast, dann male Dir Dein Ziel in großem Stil. Danach beginne, Dir kleine Teilziele zu stecken.

Es ist wie mit einer Torte: Versuche die ganze Torte auf einmal zu essen, aus dem Ganzen heraus und ohne zu kleckern. Es wird mühselig sein. Doch nimmst Du Stück für Stück zu Dir, wirst Du nicht kleckern und Dein Ziel schneller und leichter erreicht haben.

Die gesamte Summe der Einzelteile ist mehr als nur ein Ganzes.

Kannst Du eine kleine Geste der Liebe spüren, dann wirst Du auch die Dir entgegen gebrachte große tiefe Liebe wahrnehmen können.

Zaubert schon ein kleines Geschenk ein großes Lächeln auf Dein Gesicht, dann wird ein großes Geschenk ein wahres Strahlen auslösen.

Liebe kennt keine Eile

Liebe kennt keine Zeit, und es ist gut, wie es ist. Wenn zwei Menschen füreinander bestimmt sind, dann kommen sie ohnehin nicht aneinander vorbei. Sie werden sich finden.

Und wenn Du Dich jetzt fragst: „Warum hat es bei mir so lange gedauert?", dann kann ich Dir nur antworten: „weil die Zeit noch nicht reif für euch beide war".

Ihr hattet noch einiges zu lernen, um eure Liebe spüren zu können. Ihr seid euch vielleicht schon einige Male ganz kurz begegnet, und habt euch nicht gesehen, weil die Zeit noch nicht die richtige war.

Denn die Liebe hat es nicht eilig.

Vertraue darauf, dass Du im richtigen Moment an der richtigen Stelle sein wirst, und der Partner der zu Dir passt ist es ebenfalls. Ihr werdet euch nicht verfehlen. Und es wird egal sein, wo Du bist, wie Du gerade aussiehst und was Du gerade machst.

Die Liebe ist wie eine Blume und fängt klein an. Auch sie muss wachsen können, muss umhegt und gepflegt werden. Vor allem braucht sie aber Zeit um wachsen und sich entfalten zu können.

Liebe kennt keine Eile, darum öffne die Tür zu Deinem Herzen ganz weit, lass die Sonne und das Licht hinein, strahle und die Liebe wird aus Deinem Herzen wachsen.

Überwinde das Leid

Wenn sich alles gegen Dich verschworen hat, nichts so ist, wie es sein soll und Du bist am tiefsten Punkt Deines Lebens angelangt, dann genieße es.
Genieße das Selbstmitleid!
Denn es gibt unglaublich viel Kraft!
Habe kein schlechtes Gewissen, wenn Du alles auf andere schiebst, weil Du gar nichts dafür kannst, aber dann -
hör auf, stülpe die Ärmel hoch und überwinde Dein Leid. Nimm zuerst den Zustand an, genauso wie er ist und dann schau hinter die Fassade!

Worum geht es wirklich?
Was ist wirklich die Ursache Deines Leidens?

Erkenne jetzt an, dass nicht die anderen schuldig sind, sondern Du selbst trägst dazu bei. Du selbst stehst in einem Lernprozess, wobei Du erkennen kannst, dass zwei dazu gehören. Einer, der aussendet, ein zweiter, der annimmt. Es geht auch gar nicht um Schuld oder nicht Schuld, es geht nur darum, zu erkennen, was jetzt getan werden muss.

Was auch immer es ist, erledige es, schließe es in Liebe ab und lass es hinter Dir! Denn Dein Leben, welches Du noch verändern und selbst gestalten kannst, liegt VOR Dir!

Vergiss nicht, mit dem Gewesenen Frieden zu schließen, erst dann kannst Du es wirklich hinter Dir lassen und das Leid überwinden.

Geh einfach auf die Suche nach den neuen schönen Überraschungen, die das Leben für Dich bereit hält.

Ergreife die Initiative

Solange Du noch Kind warst, hast Du Dich so danach gesehnt, selbst über Dich und Dein Leben entscheiden zu dürfen.

Du wolltest die Welt erkunden, selbst für Dich Verantwortung übernehmen, Dir und anderen beweisen, dass Du für Dich das Beste schaffst, ohne Dir selbst Regeln aufzuerlegen.

Wie sieht es heute mit Deiner Entscheidungsfreudigkeit wirklich aus?
Bestimmst Du, wer Deine Freunde sind?
Hast Du Dir wirklich Deinen Traumberufswunsch erfüllt, oder arbeitest Du nur um Dein Auskommen zu finden?
Das wäre ja genau so schrecklich, wie als Kind den Müll rausbringen oder Schuhe putzen zu müssen.

Hast Du Deinen Traumpartner bekommen, oder gibst Du Dich mit weniger zufrieden als Du Dir wünschst, weil Du denkst, es kommt doch nicht so, wie Du es Dir erträumst?
Bist Du immer für andere da, obwohl Du es gar nicht möchtest, weil Du denkst, sonst mögen sie Dich nicht?

Dann ergreife die Initiative, denn Du allein bist Gestalter Deines Lebens!

Dein Leben ist viel zu kurz, um sich mit weniger als allem zufrieden zu geben. Ergreife die Initiative und gestalte Dein Leben selbst. Warte nicht, bis ein anderer kommt und Dir die Fülle zu Füßen legt. Es könnte ja sein, dass er Dir etwas schenkt, was Du gar nicht möchtest.

Ergreife die Initiative und übernimm die Verantwortung für Dein Leben. Jetzt!

Träume nicht Dein Leben, lebe Deine Träume

Träume sind etwas Wunderbares. Sie helfen uns, Dinge zu verarbeiten, die uns täglich beschäftigen.

Sie sind die ersten Gedanken, die dann zu einer Vision reifen können.

Und sie sind unsere Hoffnungen, die uns täglich von neuem aufstehen lassen, um die Herausforderungen des Tages zu meistern.

Doch wenn Träume der einzige Inhalt des Tages sind, kein Traum je verwirklicht werden kann, dann bist Du am Leben vorbeigegangen.

Wenn Du keine Träume mehr hast, dann ist Dein Leben eigentlich zu Ende, da Dir Ziel und Ansporn fehlen. Denn Träume sind da, um verwirklicht zu werden.

Es ist das schönste Gefühl im Leben, wenn Du sagen kannst: „ich lebe meinen Traum!".

Es ist ein erhebendes Glücksgefühl, wenn Du siehst, wie Dein Traum wirklich wird, wenn Du morgens aufwachst und dann erst richtig spürst, Dein Traum ist wahr geworden.

Ein Tagtraum ist ein bewusstes Gespräch mit Deiner Seele.

Lebe Dein Potential

Wenn Du es geübt hast, Deine Wahrnehmung und innere Stimme zu hören, wenn Du ihr vertrauen kannst, weil Du die Zeichen verstehst und richtig deuten kannst, dann ist es an der Zeit, Dein Potential zu leben.

Du hast Talente in die Wiege mitbekommen und es ist Deine Lebensaufgabe, Deine Talente herauszufinden und zu leben. Es ist wichtig für Deine Erfüllung und Zufriedenheit, dass Du Dein Potential erkennst und lebst.

Sonst kann es sein, dass Du Dein ganzes Leben ein leises Gefühl in Dir spürst, etwas versäumt zu haben oder im Leben zu kurz gekommen zu sein.

Hinter diesem Gefühl steckt meistens das Potential, welches aus Dir heraus möchte, um aus Dir einen rundum glücklichen Menschen zu machen.

Also suche Dein Potential und höre nicht auf bis Du es kennst und leben kannst.

Dein Potential kann vieles sein und beschränkt sich nicht auf Singen, Malen, Schreiben oder Handarbeiten.

Dein Potential kann sein: Aufgehen in der Mutterschaft, Organisationstalent, Führungsqualität, die Kraft der Pflege, die Fähigkeit zu lehren und andere zu begeistern, die Seele der Mitmenschen zu heilen...

Suche nicht das Glück, sei glücklich

Stell Dir doch mal die Frage, was Du eigentlich brauchst um glücklich zu sein!

Ein Haus? Ein Auto?
Aber hast Du Dir nicht schon eines gekauft? Warst Du danach nicht richtig glücklich?
Ich meine gleich nach dem Kauf! Ja?
Warum bist Du es dann jetzt nicht mehr, obwohl Du das Auto/Haus noch immer hast?
Ist es nicht mit allen Gütern so, die Du Dir angeeignet hast?
Ist es nicht etwa doch so, dass Du denkst, Du brauchst wieder etwas anderes, weil es der Nachbar, Freund oder die Schwester auch hat?
Willst Du mithalten können?
Dann schau einfach in Dich hinein und überlege, ob Du wirklich gerade das eine brauchst, oder doch etwas ganz anderes?!

Also, was macht Dich wirklich glücklich?

Es ist also so, dass das Glück eine Empfindung ist, bei dem Du Dich selbst entscheiden kannst, wann Du dieses Gefühl verspürst und was Du dazu brauchst.

Glück kann man nicht finden, glücklich kann man nur sein!

Du bist immer so glücklich, wie Du gerade sein willst.

Der Großteil Deines Lebens verläuft glücklich, nur in einem Bruchteil davon kannst Du es nicht spüren. Du denkst nur zu selten an das, was Dich glücklich macht, und zu oft an das, was Dich vermeintlich unglücklich macht.

Finde Deinen innersten Raum

Es ist eine wunderschöne Reise, Deinen innersten Raum finden zu wollen. Du begegnest Dir selbst, Deinen Träumen und Wünschen, die Du als kleines Kind gehabt hast.

Du findest Sehnsüchte, die Du Dich noch niemanden zu erzählen getraut hast. Nimm Dich an, mit allem was Dich ausmacht!

Finde Deinen inneren Frieden.

Ruhe in Dir selbst!

Das wird Dir all die Kraft geben, um jeden Morgen aufzustehen und Dir vorzunehmen, dass dies ein glücklicher, schöner Tag wird.

Es wird Dir die Kraft geben, jeden Abend mit dem Gedanken schlafen zu gehen: Es war ein erfüllter Tag, ich bin ein glücklicher Mensch und der morgige Tag wird noch schöner.

Ein von der Sonne durchfluteter Tag, erfüllt von Liebe!

Beginne jeden Tag mit einem stillen Morgengebet, einer Meditation oder nur ein paar Minuten der Ruhe mit geschlossenen Augen. Begrüße Dich und Deinen Tag, gehe in Deinen innersten Raum und schöpfe Kraft für die Aufgaben des Tages.

Beende jeden Tag wieder mit einem stillen Abendgebet, einer Meditation oder nur ein paar Minuten Ruhe um Dir und dem göttlichen Universum DANKE zu sagen für den vergangenen Tag und all seinen Erlebnissen, Geschenken, Begegnungen und Aufgaben.

Erfolg ist Ausdauer

Ob Du nun glaubst, dass Du etwas kannst, oder glaubst, dass Du etwas nicht kannst, Du hast immer recht!

Wohin auch immer Du Deine Aufmerksamkeit richtest, es wird in Deinem Leben Gestalt annehmen. Richtest Du Deine Aufmerksamkeit auf Erfolg, so wird er auch eintreten. Richtest Du Deine Aufmerksamkeit auf Misserfolg, so wirst Du Misserfolg ernten.

Denn Erfolg ist die Folge von etwas, was eine Ursache voraussetzt!

Überprüfe täglich die Qualität Deiner Gedanken und lass somit Deine Gedanken für Dich arbeiten, nicht gegen Dich.

Doch vergiss nicht: der weiseste Mensch wird keinen Erfolg haben, wenn er sein Wissen nicht umsetzt, wenn er nicht entsprechend danach HANDELT!

Wenn Du tust, was Du schon immer getan hast, dann bekommst Du das, was Du schon immer bekommen hast. Wenn Du etwas anderes möchtest, dann mach auch etwas anderes!

So wie Du säst, wirst Du ernten! Nur wenn Du viele Samenkörner ausstreust, wirst Du reichliche Ernte erhalten können.

Geben und Nehmen im Einklang

Wie schon in der Bibel steht: was Du säst, wirst Du ernten. Was immer Du denkst oder tust, wird in der gleichen Weise zu Dir zurückkehren.

Wie Jesus bereits sagte: was ihr irgendjemand anderem tut, das habt ihr mir getan. Und da auch Du ein Teil Gottes bist, hast Du es Dir selbst getan.

Schenkst Du also Liebe, wird unendliche Liebe Dich erfüllen. Sendest Du Freude zu Deinem Nächsten, wird Freude Dein Herz erfüllen.

Angenommen es schenkt Dir jemand Geld und Du hortest es unter Deinem Kopfkissen, dann wirst Du keine wirkliche Freude daran haben. Erst wenn Du bereit bist, Dir etwas zu gönnen, etwas schenkst, erst dann hast Du Dir richtig Freude bereitet. Und auch demjenigen, bei dem Du das Geld ausgegeben hast.

Machst Du jemandem eine Freude und siehst dann das Lächeln in seinem Gesicht, das Strahlen seiner Augen, dann erhellt es auch Dein eigenes Herz.

Wenn Du nur gibst und nicht auch nimmst, verhinderst Du damit, dass auch andere die Erfüllung des Schenkens erleben können. Auch so bringst Du den Einklang des Gebens und Nehmens zum Erstarren.

Die Harmonie des Gebens und Nehmens liegt in der Balance der beiden Teile.

Du bist Teil des Lebens

Du bist Teil des Lebens in einem wunderbaren Ganzen das Gott geschaffen hat. - Wie ein Zahnrädchen in einem Uhrwerk, oder ein Tropfen im Meer. Jeder Tropfen ist gleich wichtig, gleich gültig, denn jeder einzelne macht erst das gesamte Meer aus.

Es ist eigentlich unmöglich, dass Du einsam bist in diesem Ganzen. Nur wenn Du Dich selbst vor den anderen verschließt bist Du allein. Aber „All – eins" bedeutet nicht einsam, sondern „ich bin mit allem eins"!

Das ist ein sehr schöner Zustand, den Du bewusst genießen sollst. Du entscheidest, wann Du wieder Gesellschaft oder Partnerschaft möchtest. Sei all eins in Deinem Herzen, und es wird Dir unmöglich sein, Dich einsam zu fühlen.

Wenn Du Dich einsam fühlst, dann sag es dem Rest der Welt und Liebe wird Dich auffangen und beschützen.

Das kleine Zahnrädchen ist ganz unscheinbar, aber ohne dieses würde das gesamte Uhrwerk nicht funktionieren.

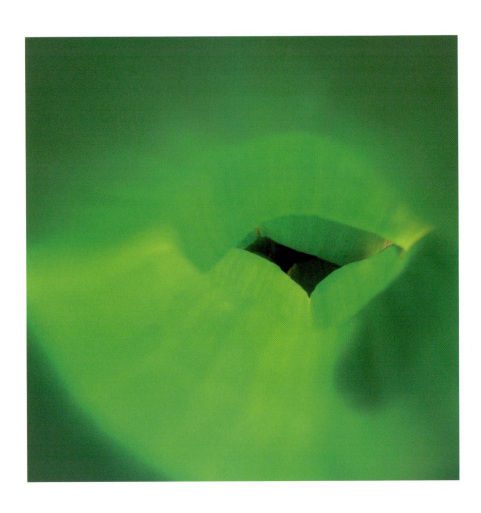

Alles Wissen ist in Dir

Du hast sicher schon öfters in Deinem Leben festgestellt, dass eigentlich immer alles an Informationen da ist, was Du gerade brauchst.

Entweder Du lernst jemanden kennen, der Dir genau das zeigen oder lehren kann oder Du „stolperst" über ein Buch, wo genau das drinnen steht, was für Dich gerade jetzt so wichtig ist, um einen Schritt vorwärts zu kommen.

Nimm es in Dich auf und hole Dir Deine eigene Wahrheit wieder ins Bewusstsein. Erinnere Dich daran, dass es eigentlich nichts Neues ist, was Dir gezeigt wird, oder was Du hörst. Du hast alles in Dir!

Es ist nur in Deinem Innersten vergraben und die hilfreichen Menschen an Deiner Seite helfen Dir, es wieder freizuschaufeln. Auch wenn Dir jemand einmal etwas sagt was Du gar nicht hören möchtest ist es meistens genau das, was Dir am meisten nützt.

Denk in Ruhe darüber nach, wenn Dich etwas aus der Fassung bringt, warum es Dich ärgert oder verletzt. Woran erinnert es Dich?

Überprüfe eine Minute lang Deine Wahrheit und nutze dieses Wissen! Bedanke Dich im Geiste bei Deinem Gegenüber dafür, dass er Dich an Dein innerstes Wissen erinnert hat. Schenke ihm symbolisch als Dank eine Blume, um Dein Geschenk selbst wieder annehmen zu können.

Achte auf Deine Worte

Sprich nichts von einem anderen Menschen, wenn Du nicht gewiss weißt, dass es wahr ist. Und wenn Du weißt, dass es die Wahrheit ist, so frage Dich, warum Du es erzählst!

Es ist nicht gut, immer alles zu sagen, was Du weißt, aber es ist wichtig, immer alles zu wissen, was Du sagst.

Nicht alles was Du sagst, kommt beim anderen so an wie Du es meinst. Also wähle Deine Worte mit Bedacht und überprüfe, ob Dein Gegenüber Dich so verstanden hat wie Du es meinst.

Bist Du aufgeregt oder zornig, dann hole erst dreimal tief Luft und gib Dir Zeit zu überlegen, denn gesagt ist gesagt und nicht mehr zurück zu nehmen. Es ist dann wie mit einem zerbrochenen Glas, Du kannst es zwar wieder so gut es geht kleben, aber die Sprünge werden bleiben.

Mach niemanden mit Deinen Worten kleiner, nur damit Du größer wirst. Deine Worte sind Deine Waffen, die Du stärkend für Dich und andere einsetzen kannst, aber auch verletzend oder tötend.

Lass Deine Worte aus Deinem Herzen fließen, nicht nur aus Deinem Mund, dann verlieren sie gänzlich an Schärfe. Worte der Liebe verletzen nicht.

Der Tanz der Schöpfung

Das ist die Leichtigkeit des Seins!

Mit der Melodie, dem Körper und den Gefühlen eins, sich zu bewegen ist Ausdruck Deiner Seele.

Wie ein Blatt im Wind. Ist es nicht so, dass das Blatt gerade stirbt, wenn es vom Baum gefegt wird? Und doch tanzt es den letzten Tanz und erfreut damit Deine Seele, wenn Du aufmerksam durchs Leben schreitest.

Der Tanz der Schöpfung stellt den ewigen Kreislauf von „Leben und Sterben" dar, wie bei der Gottesanbeterin, wenn das Männchen während der Paarung vom Weibchen gefressen wird. Doch nur so kann neues Leben entstehen. Das Männchen gibt sich dem sicheren Tod hin, um seine Art zu erhalten.

Auch die Blumen geben sich diesem Kreislauf hin. Sie blühen, um Samen hervorzubringen und verwelken dann, um den nächsten Blumen den Platz frei zu geben.

Tanze auch Du den Tanz der Schöpfung mit und lasse alte Gewohnheiten zurück, um Neues beginnen zu können. So kannst Du Dich und die Welt wieder bewusst und intensiv wahrnehmen.
Tanze den Tanz der Schöpfung in jedem Augenblick – schwebe! Genieße es so unbeschwert zu sein wie ein Vogel am Himmel.

Lerne die Schöpfung so bedingungslos anzunehmen wie jedes Wirken in der Natur, wo alles seinen natürlichen Auftritt und Abgang kennt.

Der Weg ist das Ziel, das Ziel ist der Weg

Das Leben lehrt Dich, dass der Weg bereits Dein Ziel ist und doch ist Dein Ziel immer der Weg. Einfach gesagt: es ist wie es ist, doch sollst Du in Bewegung sein.

Erst wenn Du den Tod begriffen hast, begreifst Du auch das Leben.

Hast Du einen Traum, ein Ziel erreicht, so stirbt der Traum, da Du ihn ja lebst. Nun bist Du am Ziel. Jetzt entsteht daraus ein neuer Traum und damit ein neues Ziel: das heißt, Du machst Dich von neuem auf den Weg.

Wenn Du in Deinem Leben keine Ziele hast, hast Du auch keine Wünsche und Träume mehr. Wohin soll Dich dann Dein Leben führen? Was soll Dir das Schicksal bescheren?

Wenn jetzt die berühmte gute Fee kommen würde und Dir drei Wünsche gewähren würde, was würdest Du antworten? Hättest Du drei Antworten zur Stelle?

Wenn nicht, dann ist es an der Zeit, Dein Leben zu überdenken und Dich zu fragen: „In welche Richtung möchte ich gehen?" Die Antwort ist dann Dein Weg – in die Richtung Deines Zieles.

Die Vision des Weges

Wenn Du eine Vision in Deinem Leben hast, die Dir Deinen Weg zeigt, dann lass Dich von nichts und niemandem davon abbringen.

Auch wenn einmal ein Stolperstein im Weg liegt, lass Dich nicht beirren! Folge immer Deiner Eingebung, auch wenn dies manchmal eben bedeutet, einen kleinen Umweg zu gehen, aber verliere dabei nie Dein Ziel aus den Augen!

Habe aber gleichzeitig den Mut, auch einmal umzukehren und zurückzugehen, wenn Du merkst, dass dieser Weg nicht wirklich dahin führt, wohin Du gerne möchtest.

Verwechsle es nicht mit einem Hindernis, welches Dich vielleicht dazu verleiten möchte, aufzugeben.

Je stärker Du Dich auf Dein Ziel konzentrierst, je deutlicher und bildlicher Du es Dir vorstellen kannst, wie es sein wird, wenn Du dort bist, desto schneller und leichter wirst Du es erreichen.

Ausdauer ist der Nährstoff für die Vision Deines Weges.

Denn Dich auf den Weg zu machen ist leicht, bis zum Ziel durchzuhalten, erfordert Deinen vollen Willen.

Schenke der Welt ein Lächeln

Schenke der Welt ein Lächeln und es wird Deine Seele erfreuen. Denn was Du aussendest, erhältst Du tausendfach zurück. Von dem Moment an ist das Glück in Dir spürbar.

Nur wenn Du über Kleines schon ein Lächeln verschenken kannst, kann Großes zu Dir zurückkommen!

Ein Lächeln am Morgen wird bis in jede Zelle Deines Körpers und Deiner Seele die Sonne bringen. Der Tag wird schön enden, wenn er bereits mit einem Lächeln beginnt.

Viele Menschen auf Deinem Weg warten nur auf ein Lächeln von Dir, um Mut fassen zu können auf Dich zuzugehen.

Strahle sie an und Du wirst sehen, wie sie alle zurückstrahlen und somit wird die Welt wieder ein wenig heller sein.

Ein aufmunterndes Lächeln bringt oft mehr Hoffnung, Mut und Liebe als es Worte jemals vermögen würden.

Ein Lächeln bewirkt soviel und kostet nichts, es bereichert denjenigen, der es erhält ohne den ärmer zu machen, der es verschenkt. (Rückert)

Lebe jeden Tag von Neuem

Lebe jeden Tag von Neuem, denn Du hast nur diesen einen. Das ist eine Aufforderung, im Hier und Jetzt zu leben, da es ja nichts anderes gibt. Nur diese Sekunde.

Es hilft Dir nicht über das Gestern zu jammern, es bringt auch nichts von Morgen zu träumen. Damit versäumst Du Dein Leben.

Gestern ist nicht mehr veränderbar, morgen nicht sicher, ob Du noch bist.

Also sei in Frieden mit Dir und LEBE JETZT! Es ist das einzige, was ist!

Lebe jeden Tag so, als ob es Dein letzter wäre. Nimm die Sorgen nicht mit in einen neuen Tag, sondern beginne ihn, als ob er Dein erster wäre.

Schaffe jeden Tag etwas für Dich, worauf Du stolz sein kannst, etwas, das Dich in Deinem Leben weiterbringt.

Jeder Tag soll wie eine Reise sein, an dem Du etwas neues an Dir und um Dich entdeckst. Lebe ihn wie ein Gedicht oder ein Lied, male ihn wie ein Bild. Am Abend soll das Bild des Tages fertig sein, so dass Du es zufrieden und voll Stolz betrachten kannst.

Genieße die Fülle des Lebens

Die Welt liegt Dir zu Füßen, aber Du musst Dir selbst nehmen, was Du gerne hättest. Gott hat uns die Welt und den freien Willen geschenkt, mit allem was dazu gehört.

Damit hat er uns vor die schwierigste Aufgabe überhaupt gestellt. Du darfst tun, was immer Du möchtest, aber Du musst es Dir selbst nehmen. Doch sind immer zwei Seiten auf einer Medaille! Du musst alles mit allen Konsequenzen nehmen!

Das heißt aber auch, dass Deine Freiheit da aufhört, wo die Freiheit des Nächsten beginnt!

Überlege Dir gut, was Du Dir wünschst, es könnte in Erfüllung gehen. Vergiss dabei niemals, dass alles der Polarität unterliegt, das heißt, es gibt nichts, was nur gut und schön ist, und es gibt nichts, was nur hässlich und unangenehm ist!

Zum Beispiel: der Vorteil der schönsten Partnerschaft beinhaltet aber auch, dass Du zu Kompromissen bereit sein musst. Dass nicht nur Deine Wünsche die wichtigsten sind, sondern auch die des gewählten Partners. Und diese können ganz anders aussehen. Partnerschaft bedingt Toleranz und manchmal auch Verzicht.

Und es ist immer Deine Entscheidung von welcher Seite Du etwas betrachtest. Du kannst immer sehen, was Du nicht haben kannst, oder aber sehen, was Du alles hast und haben kannst.

Ein Glas kann halb voll, oder aber auch halb leer sein. Gott lässt Dich entscheiden!

Sorge Dich nicht - vertraue!

Ich werde immer wieder von sehr vielen jungen Menschen gefragt, ob ich ihnen „das Hexen" beibringen kann. Natürlich kann ich, aber ich will gar nicht! Weil es nicht wichtig und nicht richtig ist!

Du hast nur dann einen Grund zu hexen, wenn Du Angst hast. Aber Du brauchst vor nichts und niemandem Angst zu haben. „Hexen" ist immer eine Art von Manipulation! Und somit bezahlst Du auch immer sehr teuer dafür! Es steht Dir nicht zu, irgendjemanden zu Deinem Vorteil zu manipulieren.

Viel sinnvoller ist es, Dich nicht zu sorgen, sondern Vertrauen zu haben. Es geschieht immer, in jedem Augenblick, das Beste für Dich!

Denke zurück an Deine Kindheit und Jugend, was Du Dir alles gewünscht hast und nicht in Erfüllung ging. Bist Du nicht sehr froh, dass einige Wünsche nicht wahr wurden?

Darum sorge Dich nicht, vertraue! Wünsche, welche sich absolut nicht erfüllen wollen, passen sowieso nicht zu Dir. Oft wird dies erst viel später erkennbar.

Es ist leicht, Dich nicht zu sorgen sondern zu vertrauen, wenn alles zum Besten steht. Aber Vertrauen in das Leben offenbart sich erst in der Stunde der Angst und Not. Hier wirklich zu vertrauen ist wahrer Glaube an Dich selbst und in das göttliche Sein.

Achte auf Deine Gedanken

Es ist Dein Widerstand gegen den negativen Gedanken, ob bewusst oder unbewusst, der sich in Deinem Leben manifestieren lässt.

Denn wenn Du nichts Negatives in Deinem Leben erleben möchtest, wirst Du ständig darauf aus sein es zu vermeiden, damit es fern bleibt.

Gerade deshalb wirst Du immer an das Negative denken, um es ja nicht zu übersehen und somit vermeiden kannst.

Würdest Du statt dessen Deine Gedanken auf das Schöne lenken, könntest Du, sobald Du es sehen kannst, geradewegs darauf zugehen.

Wenn Du Dich weigerst anzuerkennen, dass es Autos gibt, wirst Du von Autos angefahren werden, aber nicht etwa, weil Du sündig oder neurotisch bist, sondern einfach, weil Du nicht auf die Autos achtest. Du wirst sie nicht kommen sehen.*

Das erste ist immer der Gedanke, daraus entsteht das Wort, welches dann zur Tat wird. Die Tat wird Dir zur Gewohnheit werden, Deine Gewohnheiten bilden Deinen Charakter, der dann Dein Schicksal ist.

Jeder Gedanke ist ein Schöpfungsakt, denn jeder Gedanke hat das Bestreben sich in die Tat umzusetzen.

Alles was existiert ist vorher gedacht worden. Gedanken sind Impulssetzungen und unterliegen den Energiegesetzen.

Das Universum ist ein Gedanke Gottes.

Du selber bist das, was Du von Dir selbst denkst.

Dein Wille geschehe

Je kraftvoller Dein Denken in einer Sache ist, umso einfacher und schneller werden sich Deine Gedanken in Taten umsetzen. Doch beachte stets, dass sich nur verwirklichen kann, was Du ohne Zweifel denkst, denn mit dem Gedanken des Zweifels, neutralisierst Du den Wunsch.

Wenn Wille und Glaube miteinander im Widerstreit sind, gewinnt immer der Glaube. Nicht was ich will, sondern was ich gottergeben glaube wird deshalb kommen, weil ich im Glauben nicht zweifle.

Gott hat uns mit freiem Willen bedacht und er hat in uns den Glauben festgelegt, so dass wir jeden Wunsch ganz erfüllt bekommen. Das heißt, wir haben ihn mit allen Folgerungen zu nehmen. Wenn Du einen Früchtekuchen bestellst, dann bekommst Du auch einen mit Früchten.

Gerade darin offenbart sich die unendliche, bedingungslose Liebe Gottes. Nur unser Empfinden von gut und böse, schön und nicht schön, lässt uns nur Teile davon nehmen.

Das bedingungslose Vertrauen und der unbändige Glaube an Gottes Willen lässt uns „göttlich" werden. Wir fühlen uns aufgehoben in Gottes Gnade und eingehüllt in seine unendliche Liebe.

DEIN WILLE GESCHEHE!

Ruhe in Deiner Mitte

Das Tao besagt: im Nichts steckt das Potential von allem.

Nur wenn Du in Deiner Mitte stehst, kannst Du am besten alles rund um Dich wahrnehmen.

Sei immer in Dir selbst, denn je mehr Du Dich selbst magst und liebst, desto lieber mögen Dich die anderen.

Wenn Du in Deiner Mitte ruhst, brauchst Du nicht des Lebens Sinn zu suchen, denn Du wirst wissen, dass Du selbst Deines Lebens Sinn bist.

Du wirst fühlen, dass Du aus Deiner Mitte heraus das Unmögliche möglich machen kannst, dass Du aus Liebe zu Dir selbst Berge versetzen kannst.

Denn Du hast alles in Dir, geh also in Deine Mitte und bring Werke und Taten zuwege.

Geh und suche die Leere in Dir, um die Fülle erkennen zu können.

Ruhe in Deiner Mitte und spüre wie leicht Dein Leben von dort aus ist.

Demut vor dem Göttlichen

Demut vor dem Göttlichen heißt anders ausgedrückt, dem Mut zu dienen. Gott zu dienen und ihm bedingungslos zu vertrauen.

Dein Schicksal zu akzeptieren und darauf zu vertrauen, dass in jedem Augenblick für Dich das Beste geschieht. Nämlich all das, was Du brauchst um zu lernen und zu reifen.

Es heißt auch, Gott in allem zu erkennen, in jeder Pflanze, in jedem Tier und in jedem anderen Menschen. Jeder dient einer höheren Ordnung, so wie er ist. Alle stellen gemeinsam den Kreislauf des Lebens dar.

Demut davor, dass Du weißt, dass aus einem Samenkorn ein Mammutbaum entsteht.

Demut vor der Natur in reinster Form, denn auch Sturm, Vulkan und Sintflut haben ihre Aufgabe. Es liegt an uns, dies zu erkennen und dem Schöpfer zu danken.

Wenn „Danke" das einzige Gebet ist, welches Du täglich in Deinem Leben sprichst, ist es genug.

Anhang

*aus dem Buch „der Erleuchtung ist es egal, wie Du sie erlangst" von Thaddeus Golas

Fotos von Gertraud Schnabel

Wenn Sie Informationen bezüglich Seminare oder Workshops möchten, haben Sie die Möglichkeit, entweder eine E-Mail zu senden, oder mich auf meiner Homepage zu besuchen.

buch@elfenhain.com
www.elfenhain.com

Ein weiterer Titel der Autorin

Gertraud M. Schnabel
Die Leichtigkeit eine gesunde und harmonische Partnerschaft zu leben
96 Seiten / ISBN 978-3-89575-138-7
Dieser besondere Ratgeber hilft und unterstützt dabei, herauszufinden, wo es in der eigenen Partnerschaft krankt und zeigt neue einfache Wege auf, die Partnerschaft wieder in Balance zu bringen.

Die Autorin zeigt anhand einfacher Beispiele, und verständlich erklärt, wie jeder selbst wieder Harmonie in die Beziehung zaubern, beziehungsweise von Anfang an erhalten kann. Sie gibt wertvolle Tipps, wie jeder wieder Spannung und Erotik in langjährige Beziehungen bringt.

Ein Buch, welches man gerne öfters zur Hand nimmt, liest und jedes Mal aufs Neue wertvolle Erfahrungen gewinnt.

Weitere Titel aus unserem Programm

Dick Hellwich
Erwecke die Pendelkraft in Dir
94 Seiten / ISBN 978-3-89575-124-0
Dick Hellwich führt behutsam Schritt-für-Schritt in die „Geheimnisse" des Pendelns ein. Ein Buch nicht nur für Einsteiger. Selbst der Fortgeschrittene wird eine Menge neuer und interessanter Erkenntnisse erlangen.
Einer umfassenden Einführung in das Pendeln folgen über 90 Pendeltafeln die viele Bereiche des Lebens abdecken.

Dr. Joseph Murphy
Glück und Reichtum - ein Leben lang
88 Seiten / ISBN 978-3-89575-055-7
Glück und Reichtum - sowohl innerlich als auch äußerlich - müssen durchaus kein Wunschtraum sein. Der weltbekannte Lebenslehrer weist Ihnen hierzu den Weg.

jacqueline kahuna
Energien der Emotionen 1
132 Seiten / ISBN 978-3-89575-132-5
Hintergründe unserer Emotionen und wie wir immer in Harmonie mit ihnen leben können.

Rajah von Aundh
Das Sonnengebet
96 Seiten / ISBN 978-3-89575-096-0
Yoga- bzw. Körper- und Atemübungen, die jeder - egal welchen Alters - ausüben kann. Die Übungen beanspruchen nicht nur einen einzelnen Teil des Körpers, sie wirken auf jede Zelle und jede Sehne und verleihen neue Kraft und Harmonie.

Peter Conradi
Die Umweltdetektive - In schwindelnder Höhe
172 Seiten / ISBN 978-3-89575-036-6
Die Umweltdetektive - Dicke Luft im Lehrerzimmer
172 Seiten / ISBN 978-3-89575-037-3
Vorsicht: es könnte passieren, daß Ihr Kind für Stunden das Buch nicht mehr aus der Hand legt und keine Zeit mehr für etwas anderes hat.
Peter Conradi u.a. bekannt durch die TV-Serien „Manni - der Libero" oder „Charly, steh auf" hat zwei fesselnde Jugendbücher geschrieben, die man - einmal angefangen - nicht mehr aus der Hand legen kann. Ab 12 Jahre

Manfred Ullmer
Erkenntnisse für alle Lebenslagen
159 Seiten / ISBN 978-3-89575-127-1
Egal wo Sie sind - egal wie gestresst Sie sind... es ist immer die richtige Zeit dieses Buch zur Hand zu nehmen
...auf den einzelnen Seiten zu schmöckern und in einen tiefen Augenblick der Liebe und Besinnung einzutauchen...
...und falls Sie einem ganz besonderen Menschen eine Freude machen wollen verschenken Sie es einfach.

Gudrun Leyendecker
Zauberkraft der Liebe
160 Seiten / ab 8 J. / ISBN 978-3-89575-110-3
Erleben Sie mit, wie Jesomena ihrer großen Liebe begegnet! Das Mädchen glaubt fest an die "Zauberkraft der Liebe" und möchte mit Verständnis, Freundlichkeit und Gefühl die Welt positiv verändern.
Wirklichkeit und Märchenwelt verbinden sich hier zu einer abenteuerlichen Liebesgeschichte.

Ellen Seeler
Das große Buch der Sternenmärchen
240 Seiten / ISBN 978-3-89575-128-8
26 spannende Geschichten für Jung und Alt über die bekanntesten Sternbilder an unserem Abendhimmel. Mit mehr als 70 Sternbildern und über 60 farbigen Illustrationen.
Die Autorin möchte so die Liebe zu den Wundern des Sternenhimmels wecken, die Phantasie anregen und zudem den Zugang zu vielen Sagen des klassischen Altertums verschaffen.

Bücher zum Lesen, Denken und Verändern

Grüntenseestr. 30 c
D 87466 Oy-Mittelberg/Haslach